D0872014

Los perritos de las praderas

ANIMALES PRESA

SANDRA MARKLE

EDICIONES LERNER / MINNEAPOLIS

El mundo está lleno de

PRESAS.

Las presas son los animales que los depredadores comen. Los depredadores deben buscar, atrapar, matar y comer otros animales para sobrevivir. Pero no siempre es fácil atrapar o matar a las presas. Algunas tienen ojos en los costados de la cabeza para poder ver a los depredadores que se aproximen en cualquier dirección. Otras son de colores para poder camuflarse y esconderse. Algunas presas pueden correr, saltar, volar o nadar rápido para escaparse. Y otras incluso pueden picar, morder o utilizar sustancias químicas para mantener alejados a los depredadores. *Las praderas de América del Norte y México son el hogar de los perritos de las praderas de cola negra, que viven en grupos grandes para protegerse.*

Es una mañana de principios de mayo en las praderas de Dakota del Sur. Uno por uno, los miembros de este grupo de perritos de las praderas de cola negra salen de distintas entradas de su madriguera subterránea. Los adultos más grandes tienen el tamaño de un gato pequeño. Las crías de un año de edad son apenas un poco más pequeñas que los adultos.

Antes de salir de la seguridad de sus madrigueras, los perritos de las praderas observan a su alrededor para asegurarse de que no haya depredadores, como coyotes o linces, acechando cerca. Los perritos de las praderas tienen ojos grandes, ubicados en los costados de la cabeza. Esto les permite ver dos tercios del espacio alrededor suyo de un solo vistazo.

Cada grupo de perritos de las praderas ocupa un acre (aproximadamente media hectárea) de la pradera. Los territorios de otros grupos se encuentran muy cerca. En conjunto, estos territorios forman una colonia, o ciudad, de perritos de las praderas. Generalmente, las colonias cubren unas cuantas millas y albergan entre cien y doscientos perritos de las praderas. Algunas ciudades tienen miles de perritos de las praderas.

Al comer, los perritos de las praderas podan la hierba de la pradera. Esto ayuda a que crezcan hojas nuevas. Los brotes jóvenes son blandos y nutritivos. Además, entre la hierba corta es más fácil para la colonia vigilar si hay depredadores. Esta hembra, la más grande de las dos hembras de la colonia, se para en dos patas mientras come para ver si hay depredadores.

Ha llovido mucho durante la noche. Un montículo de tierra en forma cónica mantiene la mayor parte del agua fuera de la madriguera. Pero la lluvia arrastró parte de la tierra, así que el macho adulto de la colonia se pone a trabajar. Cava un pozo con las patas delanteras y patea la tierra hacia atrás con las traseras para construir el montículo otra vez. Luego apisona la tierra echándose sobre ella y dándole golpecitos con el hocico.

Cerca del límite del territorio del grupo, una hembra joven se encuentra con otra. Se saludan acercando la boca y tocándose con la lengua. De esta manera, verifican que la otra no sea una intrusa.

Los grupos de individuos no aceptan a perritos de las praderas de otras colonias. Estos visitantes podrían comerse algo de sus reservas de alimento, así que cuando la hembra joven se da cuenta de que la otra hembra no es de su grupo, emite un sonido fuerte de advertencia. Si la extraña no se va de inmediato, la hembra joven ataca. Las dos luchan y cada una trata de morder las mejillas, los costados o las patas de la otra.

¡*Cherk!* ¡*Cherk!* ¡*Cherk!* Los ladridos agudos significan que un perrito de las praderas ha visto a un depredador. La velocidad y el tono de los ladridos significan que el enemigo es un águila real. Otros perritos de las praderas repiten la advertencia. Las hembras se olvidan de su pelea y corren hasta la entrada de la madriguera más cercana a su grupo.

El águila real baja en picada hasta que está justo por encima del mar de hierba de la pradera. Sus ojos negros y brillantes observan la jauría de perritos de las praderas que huyen a su madriguera. El águila busca al más lento y débil de todos, busca a uno que pueda atrapar con sus garras afiladas.

Cada grupo de perritos de las praderas tiene varias entradas a la madriguera. Pero no todos se esconden bajo la tierra inmediatamente. Si todos estuvieran en la madriguera, ninguno sabría qué está haciendo el águila. Esta podría seguir rondando, a la espera de atacar al primer perrito de las praderas que se asome.

Cuando el cazador baja en picada hacia las dos hembras adultas y una cría de un año de edad, estas se introducen en la madriguera. La hembra más joven y la cría de un año de edad corren hacia abajo hasta una cámara que se encuentra a casi 15 pies (unos 4.5 metros) bajo tierra. La hembra mayor se esconde en una cámara que está a sólo 3 pies (1 m) por debajo del montículo de la entrada. Desde allí oye el rumor de las alas del águila alejándose en busca de una presa más fácil.

El grupo regresa a la superficie. El macho salta sobre sus patas traseras. *¡Cui-co! ¡Cui-co!* Echa la cabeza para atrás, aúlla y cae sobre las cuatro patas. Esta es la señal de que ya no hay peligro. La repite una y otra vez. Los perritos de las praderas que están en los montículos de otros territorios se acercan. En poco tiempo, los perritos de las praderas de toda la colonia están saltando y aullando.

El ruidoso coro se acaba pronto. Los perritos de las praderas vuelven a comer, a trabajar en los montículos de las madrigueras y a espantar a los intrusos. Los miembros del grupo también se acicalan unos a los otros, sacándose mechones del pelaje lanudo de invierno para prepararse para el caluroso verano.

Dentro de la cámara del nido de la hembra más joven, dos crías, llamadas cachorros, están durmiendo. Cuando nacieron no tenían pelo y sus ojos estaban cerrados. No eran más grandes que un corcho de botella. Por la noche, la madre se acurrucaba alrededor de ellos para mantenerlos calientes. Volvía a la madriguera varias veces durante el día para amamantarlos. Ahora que ya tienen cinco semanas están abrigados por su primera capa de pelaje. Su madre puede dejarlos temprano en la mañana y alimentarse todo el día. Cuando llega a casa, trae plantas para que los cachorros coman. También se apresura a ir a casa si ve que hay un depredador o algún otro perrito de las praderas acercándose a la entrada de su madriguera.

Cuando los dos cachorros tienen unas seis semanas, salen de la madriguera de crianza. Más o menos al mismo tiempo, los ocho cachorros de la hembra mayor también salen a la superficie. Los cachorros saldrán en busca de plantas y también seguirán mamando. Cuando un cachorro tiene hambre, mamará de la hembra que esté más cerca. Esto ayuda a los cachorros y también a la hembra mayor, que tiene ocho crías que alimentar. Dar de mamar a tantos cachorros la hace perder mucha energía. Cuantos menos cachorros mamen de ella, más comida podrá utilizar esta hembra para construir una reserva de grasa en su cuerpo. Necesitará esta reserva de grasa para cuando lleguen las nieves y el alimento sea escaso.

Mientras comen o buscan alimento, los pequeños juegan. Un cachorro persigue al otro hasta que está lo suficientemente cerca como para abalanzarse sobre él. Otro cachorro agarra a su hermano y comienzan a luchar. Jugar ayuda a los cachorros a volverse más fuertes. También los ayuda a desarrollar las habilidades que necesitarán para escapar de los depredadores y para defender el territorio de su grupo. Los machos jóvenes también aprenden formas de pelear. Necesitarán estas habilidades de pelea cuando sean mayores. Más tarde, cansados de jugar, los cachorros exploran juntos el territorio del grupo. Aprenden cuáles son los caminos más rápidos a las entradas de las madrigueras y en dónde encontrar comida.

¡*Cherk!* ¡*Cherk!* ¡*Cherk!* Una tarde, un grito de alarma alerta a la colonia de que un hurón de patas negras anda cerca. La hembra mayor y un grupo de cachorros corren hasta la entrada más cercana de la madriguera. Allí, la hembra y los cachorros se paran en dos patas y vigilan si el cazador se acerca. Pero no ven al hurón de inmediato. Su forma delgada y larga se confunde con las sombras.

El hurón ve que hay un perrito de las praderas pequeño y solo en la entrada de una madriguera. El depredador corre a través de los túneles subterráneos de la madriguera, atrapa rápidamente al perrito de las praderas por el cuello y lo aprieta para matarlo. Después, arrastra a su presa dentro de la madriguera. Los dientes del hurón son tan filosos que puede arrancar fácilmente la carne y los huesos, y, en poco tiempo, engulle su plato. Quedan pocos restos para los escarabajos y otros carroñeros.

Otro día, un coyote merodea y se acerca a la colonia. Los perritos de las praderas precavidos hacen sonar la alarma, y el coyote se aleja de allí hambriento.

A principios del verano, el joven macho adulto del grupo se marcha. Instintivamente, evita a los grupos vecinos. Cuando las hembras jóvenes se marchan de casa, generalmente lo hacen a un lugar cercano. El macho joven viaja lo suficientemente lejos, dentro de la colonia, para evitar aparearse con sus parientes.

El macho joven debe buscar un lugar en otro grupo. Esto significa que debe pelear contra el macho residente y espantarlo. El macho joven aúlla para desafiarlo. El macho residente observa a su oponente y espera. De repente, el macho joven ataca. Mientras luchan, los rivales gruñen, levantan polvo e intentan morderse. El macho joven huye apresuradamente, pero pronto regresa y ataca de nuevo.

Los oponentes saltan en el aire mientras tratan de abalanzarse uno sobre el otro. Se muerden y se caen los dos en medio del polvo. Ambos machos tienen el pelaje manchado de sangre.

El macho joven es ágil, rápido y decidido. El macho mayor es lento, pero es un luchador más experimentado. La batalla continúa durante casi treinta minutos. Las hembras y los jóvenes del grupo observan y ladran escandalosamente. Finalmente, el macho mayor se rinde y se va. Durante los próximos días, descansa y se alimenta en las afueras de su antiguo territorio. Luego se marcha.

Elige otro grupo dentro de la colonia y pelea con el macho residente de allí. Cuando gana, el macho de ese grupo se marcha, y así el proceso se repite. Si el macho no logra encontrar un hogar dentro de la colonia, intentará encontrar uno en otra ciudad de perritos de las praderas. Un macho solo corre más riesgo de ser atrapado por un depredador.

Durante algunas semanas, la vida en la ciudad de los perritos de las praderas transcurre en paz. Luego, una llamada indica que hay una serpiente de cascabel en el vecindario. El crótalo diamantino occidental está enroscado y listo para atrapar a un perrito de las praderas como alimento. Los perritos de las praderas olvidan sus disputas territoriales y adultos y jóvenes se unen para atacar a esta serpiente. Algunos aúllan y dan vueltas para captar la atención de la serpiente. Otros vienen corriendo desde atrás para morder al depredador.

La serpiente ataca, pero los perritos de las praderas son rápidos. Huyen corriendo justo a tiempo. Cuando el crótalo se desliza dentro de una de las madrigueras, los perritos echan tierra con sus patas dentro del túnel y entierran a la serpiente.

A medida que los días de otoño se acortan, la hierba de la pradera se vuelve de color marrón. Las ráfagas de viento esparcen las semillas de la hierba. Pronto, los copos de nieve empiezan a arremolinarse y a danzar con el viento helado. Con el invierno, la nieve cubre la tierra y se acumula en bancos. Los perritos de las praderas están seguros y calientes dentro de sus madrigueras. En los días de buen clima, salen para buscar alimento. Comen tallos de hierba secos y duros, y cualquier tipo de semilla que encuentren. A veces, tienen suerte y encuentran el sabroso fruto de un nopal. Si no consiguen ningún alimento, los perritos de las praderas tienen que depender de las reservas de grasa que tienen acumuladas en el cuerpo para obtener energía y calor.

Es el mes de febrero y la nieve se ha derretido un poco. En todas partes de la colonia, los perritos de las praderas se están apareando. Desde temprano en la mañana hasta la noche, el aire se llena de las llamadas de apareamiento de los machos: un aullido lento y grave. A menudo hay batallas entre machos rivales que intentan reclamar o mantener su territorio. También pelean por el derecho de aparearse con las hembras.

Una de las hembras del grupo de la nueva familia del macho ya se ha apareado. Dentro de ella crecen las crías. La hembra encuentra montones de hierba seca fuera de la madriguera y los lleva hacia adentro para cubrir con ellos su cámara de nido.

Las peleas y el apareamiento ya finalizaron. Una vez más, los perritos de las praderas pueden concentrarse en alimentarse y cuidarse de los depredadores. En poco más de un mes, las hembras preñadas darán a luz a los miembros más nuevos de la colonia de perritos de las praderas. Luego, el ciclo de vida continúa: una lucha constante por sobrevivir entre depredadores y presas.

Retrospectiva

- Vuelve a mirar el perrito de las praderas de la página 12. ¿Por qué crees que los perritos de las praderas necesitan dientes frontales tan grandes? Para saber por qué, vuelve a mirar qué están comiend o los perritos de las praderas en las páginas 7 y 35.

- Vuelve a observar las imágenes del libro para ver las distintas formas en que los perritos de las praderas utilizan sus patas delanteras y traseras. Presta especial atención a las fotos de las siguientes páginas: 8, 11, 21 y 33.

- Observa los perritos de las praderas que aparecen en la página 15. Además de los ojos, las orejas y la nariz, los perritos de las praderas tienen algo más que les ayuda a percibir el mundo a su alrededor. Mira con atención y verás los bigotes que los ayudan a "sentir" el camino a través de la oscuridad de sus madrigueras subterráneas.

Glosario

CARROÑEROS (LOS): animales que se alimentan de animales muertos, como las presas que un depredador atrapó o mató

DEPREDADOR (EL): animal cazador

ENTRADA A LA MADRIGUERA (LA): la abertura por donde un animal ingresa a las cámaras de su madriguera

MADRIGUERA (LA): el túnel y las cámaras subterráneas que excavan ciertos animales. El túnel y las cámaras son un refugio seguro para los animales y también pueden utilizarse para cuidar a las crías

MAMAR: cuando las crías se alimentan de la leche de la madre

PRESA (LA): animal que un depredador caza para comer

TERRITORIO (EL): el área en donde generalmente un grupo de perritos de las praderas busca alimento y cuida a las crías

TÚNEL (EL): una entrada a una madriguera o cualquier pasadizo que conecta las cámaras subterráneas de una madriguera

Información adicional

LIBROS

George, Jean Craighead. *One Day in the Prairie.* Nueva York: Harper Trophy, 1996. Esta descripción de los perritos de las praderas durante una tormenta que se acerca tiene formato de cuento y muestra a los perritos de las praderas en su hábitat natural.

Winner, Cherie, y otros. *Prairie Animals.* Minnetonka, MN: Northword Press, 2004. Esta es una introducción a la pradera y a los animales que allí viven: perritos de las praderas, bisontes, halcones y caballos salvajes.

VIDEO

American Grasslands (Port Royal, SC: Environmental Media Corporation, 2002). Esta colección de seis videos presenta una mirada al singular ecosistema de la pradera y su vida silvestre. Recomendado por la National Science Teachers Association.

SITIOS WEB

Save the Prairie Dog
http://www.prairiedogs.org/index.html Aprende sobre los esfuerzos para proteger a los perritos de las praderas y sus hogares. Para saber más, haz clic en *"How You Can Help"* (cómo puedes ayudar).

Underdogs
http://www.nationalgeographic.com/burrow/tb1.html Entra a una madriguera de perritos de las praderas con National Geographic para aprender más sobre estos animales.

Índice

Con amor, a Scott y Heather Markle

La autora desea agradecer a las siguientes personas por compartir su experiencia y entusiasmo: Dr. John L. Hoogland, del Laboratorio Appalachian, Centro de Ciencias Ambientales, Universidad de Maryland; y Dr. Con Slobodchikoff, del Departamento de Biología, Universidad del Norte de Arizona. La autora desea expresar también un agradecimiento especial a Skip Jeffery por su ayuda y apoyo durante el proceso creativo.

Agradecimiento de fotografías

Las imágenes presentes en este libro se utilizan con autorización de: © D. Robert & Lorri Franz/CORBIS, pág. 1; © Rich Kirchner, págs. 3, 11, 17, 23; © Jim Brandenburg/Minden Pictures, págs. 5, 12, 15, 32, 36; © Eastcott Momatiuk/The Image Bank/Getty Images, pág. 7; © Tom and Pat Leeson, págs. 8, 9, 13, 33, 35; © W. Perry Conway/CORBIS, pág. 19; © Russell Graves, pág. 21; © Jeff Vanuga/ Vanuga Photography, págs. 24, 25; © Lynn M. Stone, pág. 26; © Jeff Foott/Bruce Coleman, Inc., pág. 27; © Raymond K. Gehman/ National Geographic/Getty Images, pág. 29; © Tom Lazar/www.LazarArt.com, pág. 31; © Wendy Shattil y Bob Rozinski/Oxford Scientific Films/ Photolibrary, pág. 37. Portada: © W. Perry Conway/CORBIS.

ediciones Lerner
Una división de Lerner Publishing Group, Inc.
241 First Avenue North
Minneapolis, MN 55401 EUA

Dirección de Internet: www.lernerbooks.com

Library of Congress Cataloging-in-Publication Data

Markle, Sandra.
  [Prairie dogs. Spanish]
  Los perritos de las praderas / por Sandra Markle.
  p.   cm. — (Animales presa)
  Includes bibliographical references and index.
  ISBN-13: 978−0−7613−3896−3 (lib. bdg. : alk. paper)
  1. Prairie dogs—Juvenile literature. I. Title.
QL737.R68M331718 2009
599.36'7—dc22   2007053024

Fabricado en los Estados Unidos de América
1 2 3 4 5 6 − DP − 14 13 12 11 10 09